LABYRINTHUS

A LATIN NOVELLA

BY

ANDREW OLIMPI

Comprehensible
Classics
VOL. 6

Comprehensible Classics Press
Dacula, GA

Labyrinthus:

A Latin Novella

by Andrew Olimpi

Series: Comprehensible Classics #6

Comprehensible Classics Press
Dacula, GA

First Edition: May 2018

Cover painting and design by Andrew Olimpi

ISBN-13: 978-1985727137
ISBN-10: 1985727137

Discipulis meis
quot sunt
quot fuerunt
quot in futuris erunt temporibus

Author's Preface

With *Labyrinthus*, I once again tried my hand at adapting a well-known myth into a modern young adult novel. The problem with the *Puer ex Seripho* novellas is that, with a unique word cout of around 300 words, they were inaccessible to my lower level students. I wanted something that my first-year Latin students (or early second-year) could read independently.. The project began as a retelling of "Theseus and the Minotaur," though the finished novella focuses on neither Theseus nor the Minotaur. Rather, Ariadna is at the center, and the entire novella is told from her point-of-view. In my opinion, this unusual shift in perspective allowed me to take the story in interesting directions. Also, I liked the idea of a female character starring in a generally male-driven myth. I didn't want Ariadna to play a passive role in the story.

In order to make this volume more accessible to novice Latin readers, I made extensive use of cognates. This is the custom in many beginning Spanish or French novellas written for a similar audience, and I have found in the classroom that use of such cognates helps give novice readers an early foothold in the language—as well as really opening new directions for the story to go.

So what makes this novella different that, say, the average version of the myth found in a Latin textbook? Guided by language acquisition research, I tried to keep the following principles in mind as I wrote:

(1) I frequently employed word-order deliberately similar to modern language word-order to clear up ambiguities (while trying to stay within the bounds of good *Latinitas*).

(2) I also strived to keep my sentences short. I have not "sheltered" grammatical elements, but rather have employed whatever verbs, nouns, or turns of phrase are most clear and vivd in the moment.

(3) I did shelter vocabulary usage. The text assumes that the reader is familiar with roughly **120 unique Latin words**. The does not include alternate forms of the same word. Of the 120 words, *45 are fairly clear English cognates.* If cognates are excluded, that would bring the word count down to about **75 unique words**. These 75 words are indicated in the "Index Vocabularum" in bold typeface.

(4) I also provided generous vocabulary help throughout the text, in order to establish meaning though pictures and footnotes. At all times, I wanted to err on the side of *comprehensibility.*

I would like to thank the Latin students in my 2017-18 classes for test reading an early version of the present text, and especially my Latin III students who gave me useful ideas for improvement. As always, this novella would be much inferior without the careful editorial eye of Lance Piantaggini.

Andrew Olimpi
Hebron Christian Academy, 2018

ABOUT THE SERIES:

Comprehensible Classics is a series of Latin novels for beginning and intermediate learners of Latin. The books are especially designed for use in a Latin classroom which focuses on communication and Comprehensible Input (rather than traditional grammar-based instruction). However, they certainly are useful in any Latin classroom, and could even provide independent learners of Latin interesting and highly-readable material for self-study.

Filia Regis et Monstrum Horribile
Comprehensible Classics #1:
Level: Beginner
Unique Word Count: 125

Perseus et Rex Malus
Comprehensible Classics #2:
Puer Ex Seripho, Vol. 1
Level: Intermediate
Unique Word Count: 300

Perseus et Medusa
Comprehensible Classics #3:
Puer Ex Seripho, Vol. 2
Level: Intermediate
Unique Word Count: 300

Via Periculosa
Comprehensible Classics #4
Level: Beginner-Intermediate
Unique Word Count: 130 (35 cognates)

Familia Mala: Saturnus et Iuppiter
Comprehensible Classics #5
Level: Beginner
Unique Word Count: 140 (45 cognates)

Labyrinthus
Comprehensible Classics #6
Level: Beginner
Unique Word Count: 120 (45 cognates)

Upcoming Titles: (subject to change)
Coming 2018:

Ego, Polyphemus
Familia Mala II: Duo Fratres
Familia Mala III: Iuppiter et Olympiani
Scylla et Glaucus

Capitulum I

Familia Mea

Ego sum Ariadna. Domus mea est in īnsulā magnā. Nōmen īnsulae est Crēta.

Domus mea nōn est ōrdināria.

Domus nōn est parva et modesta.

Domus mea est magna et magnifica!

Ego sum puella, sed nōn sum ōrdināria.

Pater meus
    rēx est.

Pater est Mīnos.

Ego fīlia rēgis[1] sum.

Mīnos nōn est rēx bonus. Ille rex malus est!

Ille arrogāns est! Pater mē nōn amat. Pater mē ignōrat.

---

[1] filia regis: *daughter of the king, "princess"*

Māter mea
est rēgīna.

Māter mea
est Pāsiphaē.

Ea nōn est rēgīna bona. Ea nōn est māter ōrdināria. Ea īnsāna est!

Ōlim[2] rēx Mīnos habuit taurum[3]. Taurus fuit magnus et pulcher.

---

[2] olim: *once, once upon a time*
[3] taurus: *a bull*

Ecce Neptūnus.

Neptūnus est
deus maris.

Ōlim Neptūnus sacrificium
volēbat. Neptūnus taurum volēbat.

Rēx Mīnos Neptūnum ignōrāvit!
Mīnos deum offendit! Neptūnus
nōn erat laetus, sed īrātus. Deus
mātrem meam maledīxit.[4] Māter
rēgem Minōem nōn amābat.

---

[4] maledixit: *cursed*

Ea taurum amābat!

Fēmina hūmāna et taurus?? Fūfae! Māter īnsāna est!

Iam ego frātrem habeō. Ego frātrem ōrdinārium nōn habeō. Pater frātris nōn est Mīnos. Pater frātris est taurus. Frāter meus mōnstrum est. Frāter meus est sēmi-vir[5] et sēmi-taurus.

Frāter meus est Mīnōtaurus. Mīnōtaurus est malus!

---

[5] semi-vir: *half-man*

Mīnōtaurus est in Labyrinthō! Ecce
Labyrinthus!

Cūr est frāter meus in
Labyrinthō? Frāter meus hominēs
cōnsūmit!

Capitulum II

Īcarus

Ego amīcum habeō.

Amīcus meus est puer.

Nōmen puerō est . . .

Īcarus.

Īcarus nōn est Crētēnsis[6] sīcut ego.

Ille Graecus est.

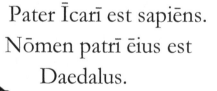

Pater Īcarī est sapiēns.

Nōmen patrī ēius est

Daedalus.

Daedalus est inventor

māchinārum.[7]

---

[6] Cretensis: *an inhabitant of Crete, a Cretan*

[7] inventor machinarum: *an inventor of machines*

Ille māchinās mīrābilēs facit. Ille quoque est architectus bonus. Daedalus Labyrinthum construxit.

LABYRINTHUS

Īcarus nōn est sapiēns sīcut pater. Īcarus est amīcus meus—sed ineptus est!

Ego: "Ō Īcare, mihi nōn placet Crēta!"

Īcarus: "Cūr?? Tū es fīlia rēgis!"

Ego: "Minimē, Ō amīce, pater mē nōn amat. Pater mē ignōrat. Ego captīvā sum! Ego miserābilis sum!

Ego volō ex īnsulā Crētā effugere!"

Subitō ego Daedalum videō. Daedalus pūpam[8] habet.

Daedalus: "Salvēte, Ariadna et Īcare! Ecce! Ego pūpam fēcī!"

Ego: "Pūpa est pulchra! Tū sapiēns es! Sed tū facis māchinās mīrābilēs. Cūr tū pūpās facīs?"

Daedalus: "Ō puella, haec nōn est pūpa ōrdināria. Est māchina mīrābilis."

Ego pūpam īnspectō.

---

[8] pupa: *a doll, a toy*

Est avis
metallica.

In ave est clāvis.[9]
Daedalus: "Ō puella,
    movē clāvem!"
Ego clāvem moveō.

Avis ālās movet!

Avis sonōs
    pulchrōs facit!

Nōn est pūpa ōrdināria. Est
māchina mīrābilis!
    Īcarus: "Ō mīrābile est, pater! Dā

---

mihi avem!¹⁰ Dā mihi avem!"

Iam Īcarus avem habet. Sed ineptus est.

Avis ad terram cadit.¹¹ Iam avis sonōs pulchrōs nōn facit. Iam avis ālās nōn movet. Māchina immōbilis est.

Pater Īcarī est īrātus.

Daedalus: "Ō Īcare! Puer male! Tū ineptus es!"

---

¹⁰ da mihi avem: *give the bird to me!*

¹¹ ad terram cadit: *falls to the ground*

Capitulum III

Ōrāculum

Īcarus: "Ariadna! Ego volō ad forum[12] īre! Venī!"

Ego: "Minimē! Pater dīcit pīrātās esse in forō."

Īcarus: "Pīrātae!? In forō!?"

Ego: "Certē! Multī pīrātae sunt in forō. Pīrātae sunt malī! Pīrātae sunt fortēs! Quis mē dēfendet?"

---

[12] ad forum: *to the forum, to the marketplace*

Īcarus: "Ego sum puer fortis! Ego tē dēfendam!"

Ego: "Hahahae! Tū dēfendēs mē? Rīdiculum! Ego *tē* dēfendam!"

Ego et Īcarus ad forum īmus. In forō nōn sunt pīrātae.

In forō sunt multī hominēs. Multī hominēs mē vident. Sed hominēs nesciunt mē esse fīliam rēgis.

Īcarus: "Ariadna! Ariadna! Venī! Venī! Prophēta est in forō!"

Ego laeta sum.

Mihi placent prophētae.

Ego rapidē eō ad prophētam videndum.

15

Prophēta est fēmina. Sed nōn est fēmina ōrdināria. Fēmina est caeca.[13]   Ea pictūrās facit. In pictūrīs est ōrāculum.[14]

Fēmina pictūram facit.

In pictūrā est circus, magnus et rotundus.

Īcarus: "Ōrāculum est . . . circus? Cūr est circus in pictūrā??"

Fēmina: "Minimē, puer. Nōn est circus. Est sōl."

In pictūrā est sōl.

---

[13] caeca: *blind*
[14] oraculum: *a prophecy*

16

Propheta: "Sōl vītam dat.[15]   Sōl vītam animālibus dat.   Sōl vītam hominibus dat.   Sōl vītam omnibus dat.   Sed tibi, Ō puer, sōl vītam nōn dat . . ."

Īcarus laetus nōn est.
Ānxius est!

Īcarus: "Ōrāculum est rīdiculum. Pater dīcēbat prophētās dīcere falsa! Ō Ariadna, ego volō domum īre."

Ego: "Minimē!   Ego   volō ōrāculum audīre."

---

[15] sol vitam dat: *the sun gives life*

17

Fēmina pictūram facit. In pictūrā est corōna.[16]

Corōna est magna et pulchra.

Prophēta: "Ecce corōna! Ō puella, tū corōnam vīs. Et tū corōnam habēbis! Sed nōn erit corōnam ōrdināriam . . ."

Ego corōnam volō. Mihi placet hoc ōrāculum!

---

[16] corona: *a crown*

Capitulum IV

Porta sēcrēta

Nox est.

Lūna in caelō est.

Stellae quoque sunt in caelō.

Mihi nōn placet pater Mīnos. Mīnos mē ignōrat.

Mihi placet māter . . . sed māter mea īnsāna est. Ea mē quoque ignōrat. Omnēs mē ignōrant!

Mihi nōn placet Crēta.

Subitō ego virum videō. Vir domō rapidē it. Ego sciō quis vir sit[17] . . . Daedalus est! Daedalus ad Labyrinthum it!

Ego quoque ad Labyrinthum eō. Daedalus mē nōn videt.

Labyrinthus magnus est.

Mūrī[18] Labyrinthī sunt magnī.

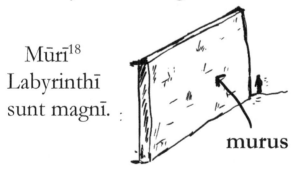

murus

---

[17] quis vir sit: *who the man is*
[18] muri: *the walls*

Daedalus it ad mūrum Labyrinthī, et
. . . in Labyrinthum sēcrētō it.

Est porta[19] sēcrēta!

Ego eō per sēcrētam portam in
Labyrinthum.

Ēheu, Labyrinthus horribilis est!
Ego nōn possum Daedalum vidēre.
Sed ego possum eum audīre. Ego
per Labyrinthum eō. Ego ānxia
sum. Labyrinthus mihi nōn placet.

Ego putō: *Nox est! Cūr Daedalus
est in Labyrinthō?*

---

[19] porta: *a gate, doorway*

21

Subitō ego sonum audiō.

Sonus est magnus et horribilis. Nōn est sonus Daedalī. Est sonus mōnstrī.

Ego timida sum. Ego nesciō ubi Daedalus sit.

Ego sciō quis sonōs horribilēs faciat. Mōnstrum sonōs facit. Ego rapidē eō per Labyrinthum ad effugiendum.[20]

Ego rapidē eō et

... ego mōnstrum videō!

---

[20] ad effugiendum: *to escape*

Ecce pictūra Mīnōtaurī:

Mīnōtaurus est mōnstrum horribile! Mīnōtaurus est sēmi-vir et
sēmi-taurus.

Ille caput taurī habet,
sed corpus hominis.

caput

corpus

Mōnstrum duo cornua habet.

23

Cornua sunt magna et longa!
Mōnstrum est magnum et malum!

Mīnōtaurus mē videt.

Mōnstrum est īrātum. Ego
timida sum! Ego sciō quid
mōnstrum velit.[21] Mōnstrum vult
mē cōnsūmere!

---

[21] quid monstrum velit: *what the monster wants*

Capitulum V

Sēcrētum Daedalī

Ego: "Ō Daedale! Ubi es tū?"

In Labyrinthō Daedalus respondet: "Ō Ariadna! Venī! Venī! Rapidē!"

Ego Daedalum nōn videō. Sed ego eum audiō. Ego rapidē ad Daedalum eō.

Daedalus: "Rapidē! Venī per portam!"

Ego: "Per portam? Ubi est porta?"

Daedalus: "Venī! Porta sēcrēta est!"

 Ego per portam sēcrētam eō.

Iam ego Daedalum videō, sed Labyrinthum nōn videō. Ego mōnstrum nōn videō.

Ego: "Ubi ego sum?"

Daedalus: "Tū es in officīnā[22] meā."

Ego: "Tū habēs officīnam in Labyrinthō?!"

Daedalus: "Officīna mea est sēcrēta. Rēx Mīnos nescit mē

---

[22] officina: *workshop*

habēre hanc officīnam."

In officīnā sunt multae māchinae. Aliae māchinae magnae sunt, et aliae māchinae parvae sunt. Multae māchinae sunt metallicae.

Deinde ego duās māchinās mīrābilēs videō.

Ego: "Quae sunt hae māchinae?"

Daedalus: "Ō puella, ālae[23] sunt.

---

[23] alae: *wings*

Māchinae sunt ālae artificiālēs."

Ego: "Ō Daedale, cūr tū facis ālās artificiālēs?"

Daedalus: "Ego ālās faciō . . . ad effugiendum![24]"

Iam ego sēcrētum Daedalī sciō!

---

[24] ad effugiendum: *to escape*

Capitulum VI

Solūtiō Labyrinthī

Daedalus:

"Ecce concha.

Ecce līnea.

Ecce formīca.

Iam līnea in formīcā est.

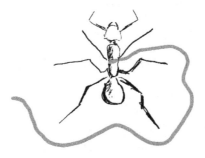

Ecce cibus.

Formīca cibum vult.

Formīca in concham it ad cibum consūmendum.

Formīca per concham it."

Ego formīcam et concham videō. Formīca cum līneā in concham it. Ea cibum vult. Mox formīca ex conchā venit! Formīca cibum consumit! Iam līnea per tōtam concham est!

Daedalus: "Labyrinthus est similis conchae. Ecce—ego tibi sēcrētum dabō!"

Daedalus mihi līneam dat. Līnea rubra[25] est.

Daedalus: "Haec līnea nōn est ōrdināria. Iam tū solūtiōnem habēs . . . solūtiōnem Labyrinthī!"

Ego: "Haec? Haec līnea est solūtiō?"

Daedalus: "Certē, sed . . . sēcrētum est, Ō puella. Mīnos

---

[25] rubra: *red*

nescit mē habēre solūtiōnem. Iam
ego et tū sēcrēta habēmus! Ego ālās
artificiālēs habeō . . .

. . . et tū solūtiōnem habēs!"

Ego laeta sum!

Capitulum VII

Nāvēs

Ego et Īcarus prope mare sumus. Ego līneam rubram habeō. Īcarus nescit mē habēre līneam. Īcarus nescit līneam esse solūtiōnem Labyrinthī!

Ego nāvēs videō.

Nāvēs in marī sunt. Quotannīs[26] nāvēs ad Crētam veniunt. Quotannīs puerī et puellae sunt in nāvibus.

---

[26] quotannis: *every year*

Quotannīs sunt septem puerī

et septem puellae.

Puerī et puellae sunt Athēniēnsēs.[27] Captīvī sunt. Sunt sacrificia. Quotannīs Mīnos dat Mīnōtaurō puerōs et puellās.

Mox Mīnōtaurus omnēs puerōs et puellās cōnsūmet!

---

[27] Athenienses: *Athenian*

Mox Athēniēnsēs erunt sacrificia Mīnōtaurō! Horribile est!

Ego captīvōs videō in nāve. Ego putō captīvōs esse miserābilēs et timidōs. Sed ego ūnum puerum videō. Ille captīvus est, sed nōn timidus est! Hic puer fortis est et pulcher! Mihi placet hic puer!

 Puer corōnam habet.

Ego: "Ō Īcare, tū scīs quis puer sit? Puer est pulcher! Ecce ille corōnam habet."

Īcarus: "Est Thēseus.

35

Pater Thēseī est rēx Athēniēnsis![28]"

Ego: "Thēseus . . . Thēseus . . ."

Est longum silentium. Īcarus Thēsēum videt. Īcarō nōn placēre Thēseus.

Ego putō Īcarum esse invidiōsum.[29] Ego putō Īcarum amāre mē. Sed Īcarus est amīcus. Ego Īcarum nōn amō!

Ego Thēseum videō. Mihi placet Thēseus. Ego nōlō Thēsēum esse sacrificium. Mīnōtaurus est malus. Pater Mīnos est malus! Ego nōlō in Crētā esse.

---

[28] Atheniensis: *Athenian*

[29] invidiosum: *jealous*

Ego volō Athēnīs[30] esse . . . cum Thēseō!

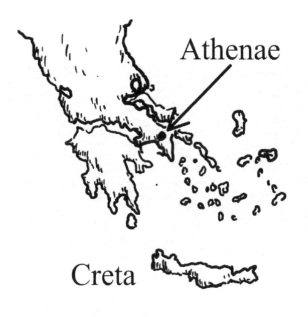

Athenae

Creta

Capitulum VIII

Captīvus

Ego: "Thēseu! Thēseu! Tū dormīs?"

Nox est. Familia mea dormit.
Ego nōn dormiō.
Ego domō effūgī. Familia mea nescit mē domō effūgisse.[31]

In Cretā est carcer.[32]

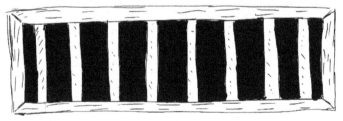

---

[31] me domo effugisse: *that I ran away from home*
[32] carcer: *prison*

Puerī et puellae Athēniēnsēs in carcere sunt. Carcer est malus.

Ecce fenestra.[33]

Per fenestram ego carcerem videō. Ego captīvōs videō.

Sed ego Thēseum nōn videō.

Ego: "Thēseu! Ō Thēseu!"

Thēseus respondet: "Quis es? Nōn es adultus. Esne puer? Esne puella?"

---

[33] fenestra: *a window*

Ego: "Ego puella sum! Ego sum Ariadna."

Thēseus: "Ego sum Thēseus! Pater meus est rēx Athēniēnsis."

Ego: "Cūr tū es sacrificium Mīnōtaurō? Tū ēlēctus es?[34]

Thēseus: "Minimē. Ego nōn ēlēctus sum. Ego nōn sum timidus. Ego volō Mīnōtaurum interficere!"

Ego: "Sed . . . Labyrinthus magnus est! Difficile est ex Labyrinthō effugere! Ecce! Ego solūtiōnem Labyrinthī habeō."

Thēseus: "Tū habēs . . . *solūtiōnem*?"

---

[34] tu electus est?: *where you chosen, elected?*

Ego līneam rubram habeō.

Thēseus per fenestram
līneam videt.

Ego: "Ecce līnea. Līnea est
solūtiō. Sed ego ūnam condiciōnem
habeō."

Thēseus: "Quid est condiciō
tua?"

41

Ego: "Ego ūnam condic-
iōnem habeō. Ego volō Athēnās[35]
īre in nāve tuā!"

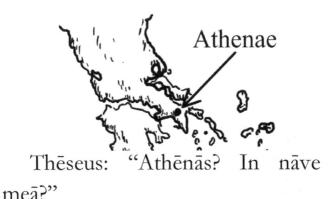

Athenae

Thēseus: "Athēnās? In nāve
meā?"

Ego: "Ego tē amō, ō Thēseu!
Ego volō Athēnās īre. Haec est
condiciō mea."

Theseus: "Ō puella, tū est
puella pulchra. Condiciō tua nōn est
difficilis. Ego cōnsentiō!"

---

[35] Athenas: *to Athens*

Ego Thēseō līneam dō. Ego laeta sum.

Capitulum IX

Prope Mare

Thēsēus et aliī
Athēniēnsēs in
Labyrinthō sunt.

LABYRINTHUS

Thēseus solūtiōnem Labyrinthī
habet. Ego sum prope mare. Prope
mare sunt multae nāvēs. Ecce nāvis
Thēseī.

Pater nescit mē domī nōn esse.
Ego vōlō cum Thēseō effugere.

Ego nōlō in Crētā esse!

"Ariadna!"

Quis est? Īcarus est!

Ego: "Ō Īcare! Quid tū vīs? Cūr es tū prope mare?"

Īcarus: "Ego audīvī Athēniēnsēs esse in Labyrinthō. Ego tē nōn vīdī in domō tuā. Cūr *tū* es prope nāvem Athēniēnsem?"

Ego: "Sēcrētum est!"

Īcarus: "Hahahae! Tū sēcrēta nōn habēs. Ego sēcrēta tua sciō. Rīdiculum est!"

Ego: "Ego . . . ego ex Crētā effugiō!"

Īcarus: "Tū ex Crētā effugis iam? Tū effugis . . . sōla?"

Ego: "Minimē, ego nōn effugiō sōla. Ego cum Thēseō effugiō. Ego et Thēseus Athēnās īmus!"

Īcarus nōn respondet. Ego videō eum esse trīstem. Ego quoque trīstis sum. Īcarus est amīcus meus.

Subitō ego et Īcarus hominēs audīmus. Ecce Thēseus et multi hominēs ad nōs veniunt. Sunt septem puerī.

Quoque sunt septem puellae.

Omnēs ad nāvem rapidē eunt.

Thēseus: "Omnēs, ad nāvem!
Ad nāvem!"

Ego: "Valē, Īcare! Iam ego
Athēnās eō!"

Īcarus: "Ō Ariadna, nōlī
Athēnās īre! Ego tē amō . . . !"

Ego respondēre nōn possum.
Ego et Thēsēus et Athēniēnsēs
sumus in nāve.

Īcarus mē in nāve videt.

47

Iam Īcarus īrātus est.

Ego: "Īcarus . . . !"

Īcarus mē audit, sed nōn
respondet.   Īcarus mē ignōrat.
Īcarus ex domō effugit.

Ego nōlō Īcarum ignōrāre
mē! Ego volō Īcarum esse amīcum!
Ego trīstis sum. Ego trīstis videō
Īcarum effugientem.

Ego: "Valē, Īcare."

Capitulum X

In Nāve Thēseī

Iam ego sum in nāve cum Thēseō. Sunt quoque multī Athēniēnsēs in nāve.

Ēheu! Ego multās nāvēs in marī videō! Nāvēs sunt Crētēnsēs!

Eheu! pater meus scit Thēseum effugere ex Labyrinthō.

Nāvēs Crētensēs rapidae sunt . . . sed nāvis Thēseī est rapidior!

Ego timida sum. Pater scit mē esse in nāve Thēseī?

Iam ego nōn possum nāvēs Crētēnsēs vidēre. Nāvēs Crētēnsēs rapidae nōn sunt.

Nāvēs Crētēnsēs sunt longē ab nāve Thēseī.

Ego laeta sum.

Ego: "Ō Thēseu, quōmodo[36] tū Mīnōtaurum interfēcistī? Tū habuistī gladium?"

Thēseus: "Minimē! Ego gladium nōn habuī! Ego Mīnōtaurum nōn interfēcī gladiō!"

Ego: "Tū habuistī sagittās?[37]"

Thēseus: "Minimē! Ego sagittās nōn habuī. Ego Mīnōtaurum nōn interfēcī sagittīs."

Ego: "Ō Thēseu, quōmodo tū Mīnōtaurum interfēcistī?"

---

[36] quomodo: *how, in what way?*

[37] sagittas: *arrows*

Thēseus: "Ego Mīnōtaurum interfēcī . . . manibus meīs!³⁸"

Ego: "Mīrābile! Manibus tuīs?! Mīnōtaurus erat mōnstrum horribile et forte!"

Thēseus: "Ego eram fortior quam mōnstrum! Ego Mīnōtaurum in Labyrinthō vidī. Ille erat horribilis! Sed Mīnōtaurus mē nōn vīdit.

"Ego nōn timidus eram! Ego

mōnstrum interfēcī manibus meīs!
Deinde ego et puerī et puellae ex
Labyrinthō effūgimus.

 Līnea tua
erat solūtiō!”

Puer Athēniēnsis: “Thēseu!
Ecce īnsula!”

Thēseus: “Quae īnsula est?”

Puer: “Est Naxos.
Est īnsula parva.”

Naxos

Thēseus: "Est Naxos īnsula Crētēnsis?"

Puer: "Minimē, Ō Thēseu! Haec īnsula est longē ab Crētā. Naxos est īnsula Graeca."

Thēseus: "Omnēs! Ad īnsulam Naxon! Rapidē!"

Capitulum XI

Īnsula Naxos

Nōs omnēs in īnsulā sumus. Īnsula parva est. Mihi nōn placet haec īnsula. Ego volō esse Athēnīs!

Multa animālia sunt in hāc īnsulā.

Thēseus et aliī Athēniēnsēs animālia petunt.[39] Sed ego nōlō animālia petere. Ego nōlō esse similis frātrī meō. Frāter erat mōnstrum!

Thēseus: "Ō Ariadna, mox nōs erimus Athēnīs. Mox tū habēbis corōnam!"

Ego putō Thēseum amāre mē.

Thēseus falsum nōn dīceret.

Pater meus mē nōn amat. Sed Thēseus mē amat. Thēseus fortis et bonus est.

Ecce! Thēseus et Athēniēnsēs multa animālia petunt.

Deinde Thēseus animālia interficit! Thēseus laetus est. Thēseō placet animālia petere.

Ego animālia mortua[40] videō. Ego sum trīstīs.

---

[40] mortua: dead

Omnēs Athēniēnsēs animālia cōnsūmunt. Ego nōlō animālia cōnsūmere.

Est vīnum.[41]

Est multum vīnī. Thēseus et aliī vīnum cōnsūmunt. Illī multum vīnī cōnsūmunt!

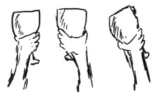

Sed ego nōlō vīnum cōnsūmere. Ego sōla sum.

---

[41] vinum: *wine*

Ecce lūna est in caelō.
Lūna est magna et pulchra.

Quoque sunt multae stellae.

Thēseus lūnam et stellās nōn videt. Thēseus cum Athēniēnsibus vīnum cōnsūmit.

Ego lūnam videō, et putō:

"Ō Īcare, puer inepte. Tū erās amīcus bonus. Mīnōtaurus nōn erat frāter mihi. Tū erās frāter mihi!"

Ego nōluī Īcarum esse īrātum.

Mox ego dormiō.

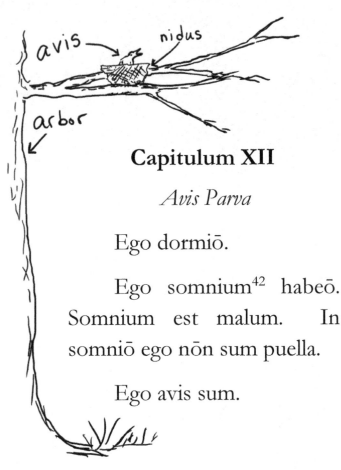

Capitulum XII

Avis Parva

Ego dormiō.

Ego somnium[42] habeō. Somnium est malum. In somniō ego nōn sum puella.

Ego avis sum.

Ego sum avis parva. Ego sum sōla in nīdō. Ego habeō

---

[42] somium: *a dream*

mātrem avem. Ego nesciō ubi
māter sit. Ego nesciō ubi aliae avēs
sint.

Ego corōnam videō! Corōna
pulchra est in caelō! Ego volō
corōnam . . .

. . . sed ego ex nīdō cadō.

Ego cadō

et cadō

et cadō et . . .

Ego nōn dormiō. Ego timida sum.

Ego volō Thēseum vidēre. Ego Thēseum nōn videō. Ego aliōs Athēniēnsēs nōn videō. Puerī in īnsulā nōn sunt. Puellae quoque nōn sunt in īnsulā.

Ego: "Ubi sunt omnēs?"

Ego nōn possum nāvem vidēre.

Ego: "Ubi est nāvis?"

Ecce nāvis! Nāvis est in marī, sed . . . ea longē est ab īnsulā!

Naxos

Thēseus et Athēniēnsēs sunt

in nāve! Sed ego sum in īnsulā!

Ego: "Thēseu! Thēseu!"

Sed ego sciō Thēseum nōn audīre mē. Ego sciō Thēseum nōn vidēre mē. Thēseus cum aliīs effugit. Thēseus Athēnās effugit.

Iam nāvis est parva in marī. Ego trīstis videō nāvem parvam.

Ego sōla et trīstis sum.

Iam ego sciō Thēseum nōn amāvisse mē[43].

Thēseus falsa dīcēbat! Ego putō Thēsēum esse malum! Omnēs Athēniēnsēs sunt malī!

Ego volō in Crētā esse.

Ego volō esse cum Īcarō amīcō meō! Ego ossa[44] animālium videō. Sunt multa ossa animālium.

---

[43] non amavisse me: *did not love me*

[44] ossa: *bones*

Ego putō: "Ō animālia miserābilia! Thēseus vōs omnēs interfēcit et consūmpsit. Iam vōs omnēs estis mortua."

Mox ego quoque erō mortua.

Capitulum XIII

Sēcrētum

Ego cibum volō. Ego īnsulam investīgō ad cibum inveniendum.[45]

Ego īnsulam investīgō et investīgō et investīgō. Ego cibum nōn inveniō.

Sed ego aliquid in īnsulā inveniō.

Ecce templum.

---

[45]**ad cibum inveniendum:** *to find food*

Templum parvum est. Templum quoque antīquum et dēsertum est. Ego templum investīgō.

In templō sunt
multae pictūrae
et multae statuae.

Quis fēcit templum
in hāc īnsulā?

Ego statuās
et pictūrās īnspectō.

*Quī deus est
in pictūrīs et statuīs?*

"Ariadna."

Ego fēminam videō. Ego sciō quis fēmina sit.

Fēmina erat prophēta in Crētā.

Prophēta: "Aridna, tū invēnistī templum."

Ego: "Ō prophēta, tū scīs futūra. Cūr ego sum in hāc īnsulā?"

Prophēta: "Deus[46] vult tē esse in hāc īnsulā."

Ego: "Quī deus?"

---

[46] deus: *the god*

Prophēta: "Deus bonus et fortis. Deus est Bacchus. Hoc est templum Bacchī. Deus Bacchus[47] est in statuīs et pictūrīs."

Ego: "Cūr Bacchus vult mē esse in īnsulā?"

Prophēta: "Nōlī dīcere, puella. Ecce aquam."

Fēminam aquam habet.

Fēmina: "Ō Ariadna, dormī. In

---

[47] Bacchus: *the Roman god of wine; his Greek name is Dionysus.*

somniō[48] deus omnia tibi dīcet."

Ego aquam cōnsūmō. Aqua magica est. Mox ego dormiō.

In somniō ego deum videō. Ego nōn sum in templō. Ego sum prope mare.

Nox est.
Lūna est in caelō.

Multae stellae in caelō quoque sunt.

Deus Bacchus est deus pulcher et fortis. Sed ego nōn timida sum. Mihi placet Bacchus. Ego sciō deum Bacchum esse amīcum.

---

[48] in somnio: *in a dream*

Bacchus: "Puella, quid vidēs in caelō?"

Ego caelum īnspectō.

Ego: "Ego lūnam videō et stellās."

Bacchus: "Stellae nōn sunt ōrdināriae. Quid tū vidēs in stellīs?"

Ego stellās īnspectō. Ecce, ego possum pictūram in stellīs vidēre. In stellīs est . . .

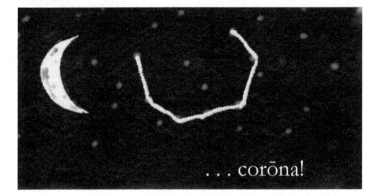

. . . corōna!

Ego audiō fēminam prophētam:

"Tū corōnam
inveniēs . . ."

Bacchus: "Ō Ariadna, Thēseus corōnam mortālem habet. Ego immortālis sum. Ego corōnam aeternam habeō. Ego sum deus bonus. Ego tē amō! Tū et ego erimus laetī. Tū corōnam aeternam habēbis!"

72

Ego laeta sum. Bacchus mē amat. Et iam ego corōnam habeō.

Corōnam immortālem et aeternam.

Index Vocabulorum

NOTA BENE: Words considered to be "core vocabulary" (i.e. words not defined in the footnotes) appear in **bold typeface**.

A

ab: *from, away from*

longe ab: *far from*

ad: *to, towards*

adultus: *an adult*

aeterna: *eternal*

alae: *wings*

alii: *some, others*

aliquid: *something*

amat: *she/he loves*

amavit: *she/he loved*

amo: *I love*

amicus: *friend*

animalia: *animals*

antiquum: *ancient, old*

aqua: *water*

architectus: *architect*

arrogans: *arrogant*

artificiales: *artificial*

Athenarum: *in Athens, at Athens*

Athenas: *to Athens, towards Athens*

Athenienses: *the Athenians*

Athenis: *from Athens*

audit: *she/he hears*

audimus: *we hear*

audio: *I hear*

audit: *she/he hears*

audivi: *I heard*

audivit: *she/he heard*

avis: *a bird*

B

Bacchus: *Bacchus, the god of wine*

bonus: *good*

C

cadit: *falls*

cado: *I fall*

caelum: *the sky*

captiva, captivus: *captive*

caput: *head*

in capite: *on his head*

carcer: *prison*

certe: *certainly, "yes"*

cibus: *food*

clavis: *a key*

color: *color*

concha: *a shell*

condicio: *a condition*

consumit: *she/he consumes*

consumimus: *we consume*

cosumunt: *they consume*

consumabat:*she/he was consuming*

consumavit: *she/he consumed*

cornu: *a horn*

cornua: *horns*

corona: *crown*

corpus: *body*

Creta: *Crete*

Cretensis: *Cretan, of Crete*

cum: *with*

cur: *why?*

D

dat: *she/he gives*

da: *give!*

deinde: *then, next*

desertum: *deserted*

deus: *the god*

dicit: *she/he says*

dicet: *she/he will say*

difficilis: *difficult*

difficile est: *it is difficult*

domus: *house, home*

domi: *at home*

domo: *from home*

domum: *to home, home*

dormit: *she/he sleeps*

dormio: *I sleep*

dormis: *you sleep*

duo: *two*

E

ea: *she*

ecce: *look!, behold!*

effugit: *flees, runs away*

effugere: *to flee, run away*

effugi: *I ran away*

effugiam: *I will run away*

ad effugiendum: *to run away*

effugientes: *running away*

effugimus: *we are running away*

effugio: *I run away*

effugis: *you run away*

ego: *I*

eheu!: *alas! oh no!*

eius: *his, her*

electus sum: *I was chosen*

emergit: *emerges*

ergo: *therefore*

est: *she/he is*

eras: *you were*

erat: *she/he was*

erimus: *we will be*

eris: *you will be*

ero: *I will be*

es: *you are*

esse: *to be*

et: *and*

eum: *him*

eunt: *they go*

ex: *from*

exspectat: *she, he waits*

exspectans: *waiting*

exspecto: *I wait*

F

facit: *she/he makes*

faciat: *she/he makes*

facio: *I make*

facis: *you make*

falsum: *false, untrue*

familia: *family*

feci: *I made*

fecit: *she/he made*

femina: *woman*

fenestra: *window*

filia: *daughter*

formica: *an ant*

fortis: *brave, strong*

forum: *marketplace, forum*

frater: *brother*

fufae!: yuck!

fuit: *she/he was*

futura: *future things, the future*

G

gladius: *sword*

Graecus, Graecia: *Greek*

H

habet: *she/he has*

habebat: *she/he was having,
  used to have*

habebis: *you will have*

habeo: *I have*

habere: *to have*

habes: *you have*

habuisti: *you had*

habuit: *she/he had*

haec: *this*

hanc: *this*

hic: *this*

hoc: *this*

homines: *men, people*

horribilis, horribile: *horrible*

humanus, humana: *human*

I

iam: *now*

ignorat: *she/he ignores*

ille: *that one, he*

immobilis: *immobile*

immortalis: *immortal*

in: *in, on*

ineptus: *inept, clumsy*

insanus, insane: *insane*

inspecto: *I inspect*

insula: *island*

interficit: *she/he kills, slays*

interfeci: *I killed*

interfecisti: *you killed*

interfecit: *she/he killed*

interficere: *to kill*

invenit: *she/he finds*

inveni: *I found*

ad inveniedam: *to find, in
  order to find*

invenies: *you will find*

invenio: *I find*

inventor: *inventor, discoverer*

investigo: *I investigate*

invidosus: *envious, jealous*
iratus: *angry*
it: *he/she goes*
ire: *to go*
imus: *we go*

L
Labyrinthus: the Labyrinth
laetus: *happy*
linea: *a thread, a string*
longa: *long*
longe ab: *far from*
luna: *moon*

M
machina: *machine*
magica: *magic*
magna, magnus: *large, great*
magnifica: *magnificent*
mala: *bad*
maledixit: *cursed*
manibus meis: *with my hands*
mare: *the sea*
mater: *mother*
me: *me*
mea: *my*
metallicus: *metallic, made of metal*
Minotaurus: *the Minotaur*
mirabilis: *amazing*
miserabilis: *miserable*

modesta: *modest*
monstrum: *monster*
mortalis: *mortal*
mortua: *dead*
movet: *moves*
moveo: *I move*
move: move!
mox: *soon!*
multae, multi: *many*
murus: *wall*

N
navis: *ship*
Naxos: *Naxos, an island*
Neptūnus: *Neptune*
nescit: *she/he doesn't know*
nescio: *I don't know*
nidus: *nest*
noli: *don't!*
nolo: *I don't want*
nomen: *name*
non: *not*
nos: *we*
nox: *night*

O
octo: *eight*
offendit: *she/he offended*
officina: *workshop*
olim: *once*
omnes: *all, everyone*
omnia: *everything*
oraculum: *an oracle*

ordinarius: *ordinary*
ossa: *bones*

P

parva: *small*
pater: *father*
per: *through*
pictura: *picture*
pirata: *pirate*
placet: *likes, is pleasing to*
porta: *gate*
possum: *I am able*
potes: *you are able*
prope: *near*
propheta: *prophet*
puella: *girl*
puer: *boy*
pulcher: *beautiful*
pupa: *doll*
putat: *she/he thinks*
puto: *I think*

Q

qui: *who*
quid: *what*
quis: *who*
quomodo: *how*
quotannis: *every year*

R

rapide: *quickly*
rapidus: *quick, rapid*
rapidior: *quicker, faster*

respondet: *responds, answers*
rex: *king*
ridiculum: *ridiculous*
rubra: *red*

S

sacrificium: *sacrifice*
sagitta: *arrow*
sapiens: *wise*
scit: *she/he knows*
scio: *I know*
secretus, secreta: *secret*
sed: *but*
semi-humanus: *half-human*
semi-taurus: *half-bull*
septem: *seven*
sex: *six*
sicut: *just as, like*
silentium: *silence*
similis: *similar to, like*
sit: *is*
sola: *alone*
solutio: *solution*
somnium: *dream*
sonus: *sound*
statua: *statue*
stellae: *stars*
subito: *suddenly*
sum: *I am*
sumus: *we are*
sunt: *they are*

S

taurus: *a bull*

te: *you*
templum: *temple*
terra: *earth ground*
terribilis: *terrible*
tibi: *to you, for you*
timidus: *afraid, scared, timid*
totam: *whole, entire*
tristis: *sad*
tu: *you*
tua: *your*

U
ubi: *where*
unus, una: *one*

V
velit: *she/he wants, may want*
veni: *come!*
veniunt: *they come*
verum: *true*
videt: *she/he sees*
video: *I see*
videre: *to see*
vides: *you see*
vidi: *I saw*
vidit: *she/he saw*
vinum: *wine*
vir: *man*
vult: *she/he wants*
vis: *you want*
volebat: *she/he was wanting*
volo: *I want*

About the author

Andrew Olimpi lives in Dacula, Georgia with his beautiful and talented wife, Rebekah, an artist, writer, and English teacher. When he is not writing and illustrating books, Andrew teaches Latin at Hebron Christian Academy in Dacula, Georgia. He holds a master's degree in Latin from the University of Georgia, and currently is working on a PhD in Latin and Roman Studies at the University of Florida. He is the creator of the Comprehensible Classics series of Latin novellas aimed at beginner and intermediate readers of Latin.

Filia Regis et Monstrum Horribile

Level: Beginner
Unique Word Count: 125

Originally told by the Roman author Apuleius, this adaptation of the myth of Psyche is an exciting fantasy adventure, full of twists, secrets, and magic. The reader will also find many surprising connections to popular modern fairy tales, such as "Cinderella," "Snow White," and "Beauty and the Bea

VIA PERICULOSA

Level: Beginner/Intermediate
Unique Word Count: 100

Niceros is a Greek slave on the run in ancient Italy, avoiding capture and seeking his one true love, Melissa. However, a chance encounter at an inn sets in motion a harrowing chain of events that lead to murder, mayhem, mystery, and a bit of magic.

Loosely adapted from the Roman author Petronius, Via Periculosa ("The Dangerous Road") is an exciting and surprising supernatural thriller suitable for Latin readers in their first or second year of study and beyond.

Familia Mala: Saturnus et Iuppiter

Level: Beginner
Word Count: 120 (35 cognates)

They're the original dysfunctional family! Rivalry! Jealousy! Poison! Betrayal! Gods! Titans! Cyclopes! Monsters! Magical Goats!

Read all about the trials and tribulations of Greek mythology's original royal family! Suitable for all novice Latin readers.

Ego, Polyphemus

(coming Summer 2018)
Level: Beginner
Unique Word Count: 155
(80 cognates)

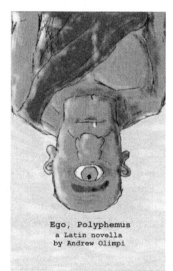

Ego, Polyphemus
a Latin novella
by Andrew Olimpi

Polyphemus the Cyclops' life is pretty simple: he looks after his sheep, hangs out in his cave, writes (horrible) poetry, eats his cheese . . . until one day a ship arrives on his peaceful island, bringing with it invaders and turning his peaceful world upside down.

This novella, based on the works of the Vergil and Ovid, is suitable for all beginning readers of Latin.

Perseus et Rex Malus
Puer Ex Seripho
Vol. 1
Level: Intermediate
Unique Word Count: 300

On the island of Seriphos lives Perseus a twelve-year-old boy, whose world is abot turned upside down. When the cruel king of the island, Polydectes, is seeking a new bride, he casts his eye upon Perseus' mother, Danaë. The woman bravely refuses, setting in motion a chain of events that includes a mysterious box, a cave whose walls are covered with strange writing, and a dark family secret. "Perseus et Rex Malus" is the first of a two-part adventure based on the Greek myth of Perseus.

Perseus et Medusa
Puer Ex Seripho, Volume 2

Level: Intermediate
Unique Word Count: 300

Perseus and his friends Xanthius and Phaedra face monsters, dangers, and overwhelming odds in this exciting conclusion of "The Boy from Seriphos." This novel, consisting of only 300 unique Latin words (including close English cognates), is an adaptation of the myth of Perseus and Medusa, retold in the style of a young adult fantasy novel.

.

Made in the
USA
Monee, IL